वाचाल चुप्पियाँ

अतुल कटारिया

MANJUL
मंजुल पब्लिशिंग हाउस

MANJUL

मंजुल पब्लिशिंग हाउस

कॉरपोरेट एवं संपादकीय कार्यालय

• द्वितीय तल, उषा प्रीत कॉम्प्लेक्स, 42 मालवीय नगर, भोपाल-462 003

विक्रय एवं विपणन कार्यालय

• सी-16, सेक्टर 3, नोएडा, उत्तर प्रदेश, 201301

वेबसाइट : www.manjulindia.com

वितरण केन्द्र

अहमदाबाद, बेंगलुरू, कोच्चि, कोलकाता, चेन्नई,
हैदराबाद, मुम्बई, नई दिल्ली, पुणे

वाचाल चुप्पियाँ

यह संस्करण 2025 में मंजुल पब्लिशिंग हाउस प्राइवेट लिमिटेड द्वारा प्रकाशित

यह संस्करण 2025 में पहली बार प्रकाशित
द्वितीय आवृत्ति 2026

ISBN 978-93-7317-066-4

आकल्पन : एक्वेरियस प्रमोशन्स प्रा. लि. भोपाल

मुद्रण व जिल्दसाज़ी : रेप्रो इंडिया लिमिटेड

पिताजी श्री माणकचंद कटारिया "दादा"
गाँधीवादी विचारक व लेखक [जन्मशती 2025]
और अम्मा को सादर नमन, स्मरण व प्यार के साथ

•••

हिन्दी समकालीन कविता अनेक तरह की प्रकृतियों, विभिन्न स्रोतों से निकलकर ख़ुद को विस्तृत कर रही है। इसमें जीवन के विविध अनुशासनों में काम कर रहे कवियों का योगदान ज़ारी है। अतुल कटारिया, जो पेशे से बाल्य रोग चिकित्सक हैं, इस पक्ष को और अधिक पुष्ट करते हैं। यह उनका दूसरा कविता संग्रह है। उनके पहले संग्रह की कुछ विशेषताएँ यहाँ भी लक्षित की जा सकती हैं, यथा- संवेदित अनुभव, सामाजिक सरोकार, अचूक निरीक्षण क्षमता की सघन उपस्थिति। समता, लोकतांत्रिकता, न्याय की आकांक्षा और धर्मनिरपेक्षता इत्यादि मूल्यों के प्रति उनका आग्रह। और समकालीन समय में उपस्थित अंतर्विरोध का संज्ञान और विडंबनाबोध।

प्रस्तुत कविताओं में स्मृतियों की आवाजाही, उनका वैभव तथा मनुष्य का अकेलापन उभरकर आया है। इस बीच जिन महामारियों तथा राजनीतिक, सामाजिक और नैतिक संकटों से मनुष्यता गुज़री है, उनकी तकलीफ़ और मार्मिक बयान दर्ज करने की ध्यातव्य कोशिश है। अस्मिता विमर्श, ख़ासकर स्त्रियों की दशा को लेकर भी उनकी वैचारिकता और भावना अलक्षित नहीं है। हर क्षेत्र में बढ़ती असंवेदनशीलता, असहिष्णुता को ये कविताएँ अपनी कहन और विन्यास में समाहित कर लेती हैं। पर्यावरण संबंधी उनकी कविताएँ द्रष्टव्य हैं। यह सब उनके सरोकारों के बढ़ते दायरे की सूचनाएँ भी हैं।

नॉस्टेल्जिया को वे वर्तमान से जोड़कर इस तरह देख पाते हैं कि भविष्य की फिक्र हमारे समक्ष हो जाती है। यहाँ बेहतर चीज़ों का गुज़र जाना महज संताप नहीं है बल्कि उसकी नवीन और अद्यतन कामना है। वे आवाज़ों, धूप, आकाश, मिट्टी, हवा, पक्षियों, पेड़ों को सभ्यता के परिप्रेक्ष्य में देखते हुए इस जीवन की एक मीमांसा करना चाहते हैं। यह बहुलता, यह प्रचुरता उनके काव्य प्रयास में, मूल तत्वों की तरह शामिल है। आशा है इन कविताओं को इस प्रकाश में देखा, पढ़ा और सराहा जाएगा।

—कुमार अम्बुज

अनुक्रम

वाचाल चुप्पियाँ

नागफनी और औरत

नागफनी जमा करती है पानी
बर्दाश्त करते हुए
तेज़ धूप और सूखा
ज़रूरतों को याद रखती है

वह कामगार औरत भी
नहीं भूलती अपनी जिम्मेदारियाँ
दिन भर अथक मेहनत
के बीच
गोद में लिये
बच्चे की मुस्कान को
ज़िंदा रखती है
थकते पैरों के ऊपर
जमा करती रहती है सपनों को
मोड़ कर
पल्लू के कोने में बाँध

दोनों के सूखे आवरण के अंदर
एकत्र होता रहता है
हौंसला
पहाड़ों को पार करने का।

आँगन का वृक्ष

मैं हमेशा से खड़ा था साथ तुम्हारे,
जब तुम छोटे थे- चढ़ जाते थे वक्ष पर मेरे
फिर बड़े हुए तब भी बैठते थे आग़ोश में
बहुत बड़े और बढ़े थे तब भी तुम निहारते थे मुझे
मेरा इतिहास गर्व से सुनाते थे
जितना मैं घर के बाहर था, अंदर भी था

फिर आज ये क्या हुआ
काटने लगे जड़ें, तुम मेरी
उखाड़ने लगे, सारे पहचान चिन्हों को
पथरा गया प्यार, तुम्हारी आँखों में

कौन सौदागर आ गया
ख़रीदने मुझे

मत भेजो मुझे इस तरह काट कर
होने दो मुझे बूढ़ा- यहीं खड़े खड़े
फिर चाहे ले जाना
मुझे भी उसी तरह
चादर में लपेट कर।

अक्षुण्ण आस्थाएँ

हम देखेंगे
कि सूरज उगता रहे पूरब से,
डूबे भी रोज़ की तरह
चाँद उफ़क पर पूरा चमके,
घटता भी रहे
करता रहे रोशन आसमान को
तारे बड़े-छोटे, कम-ज़्यादा,
रहें अपने तयशुदा ठिकानों पर
नदियाँ बहती रहें अविरल,
इधर भी हों, उधर भी
पहाड़ खड़े रहें सीना ताने,
कभी झुक भी जायें-बर्फ़ या पेड़ों के बोझ तले
दिखते रहें हमें,
रंग जुदा-जुदा
परिधानों के, पताकाओं के,मिट्टियों के
और वह सब भी जो हम देखते आयें हैं,
पूरा-अधूरा, बना-बिखरा, कम-ज़्यादा
हम देखेंगे,
हमारे हाथ इतने बड़े न हो जायें
कि हम देख न पायें उनकी कारगुज़ारियाँ।

बेशर्म आदमी

आदमी चाहकर भी
रोशनी को क़ैद नहीं कर पाया
न ही पकड़ पाया हवा को
रोक न सका चाँदनी को बिखरने से
सागर को मथता रहा, किंतु थकता रहा
लेकिन हार न मानी
नदी, पहाड़, धरती सब पर कसता रहा शिकंजा
प्रकृति को काटता रहा
छलनी करता रहा
जड़ों को अपनी
और सीखता रहा नये गुर
तराशता रहा औज़ार
करने लगा बंद-खिड़कियाँ और दरवाज़े
हवा में ज़हर घोलने लगा
ज़ब्त कर लिया
बिखरी हुई आवाज़ों को
हमशक्ल से गुर्राने लगा
अलग को अलग करता गया
बढ़ाता गया पहरे
गढ़ता रहा घेरे
एक से चेहरों की सेना तैयार कर
मौन का संवाद करने लगा

सर्वव्याप्त सब से जुदा
आत्म का संसार रचने लगा
सिमट कर
सूक्ष्म और संकीर्ण
रह गया आदमी।

वाचाल चुप

नदी, खेला था मैं जिसके साथ
अब चुप सी थी
सिकुड़ी और सहमी
पहाड़,चढ़ते हुए जिसके सीने से
लिपटा था कई बार
ख़ामोश था
पुकारने पर जवाब नहीं आता था
पेड़, जिनकी बाहों में झूला था
मुँह फेरे खड़े थे
गुम थे अपने मित्रों की याद में
कोयल, कौवा, तोता, गिलहरी
और भी पुराने मित्र
लगाए बैठे थे चुप्पी
मौन सत्याग्रह करते

सालों, पैरों तले
तय किये हुए रास्तों के बीच
आज एक अजनबी सा
खड़ा था मैं
चुभने वाली उस ख़ामोशी में
छुपे सवालों का जवाब
नहीं था मेरे पास
अपनो से किया हुआ
दुर्व्यवहार, उपेक्षा, छलावा
अब चुप की शक्ल ले चुका था

और आत्म-ग्लानि निरुत्तर थी
फिर भी था
एक मौक़ा प्रायश्चित का
एक अवसर
उन सब की
आवाज़, चमक, रंग, ऊँचाई
लौटाने का
वे सब बावजूद नाराज़गी के
आज भी तैयार थे
मुझे अपनाने को
कुछ सहमतियों के साथ।

अंतिम चेतावनी

जागो
इसके पहले कि
ख़ुद के बनाये अंधेरों में
सोते रह जाओ

जागो
इसके पहले कि
सिमट रही नदियों का सिसकना
उजड़ते पहाड़ों का क्रंदन
नग्नप्रायः जंगलों से बेघर जानवर भी
तुम्हें न जगा पाएँ

जागो
इसके पहले कि
धूप और हवा को
अपनी कारगुज़ारियों का हिसाब
न दे पाओ

जागो
इसके पहले कि
तुम्हारे स्वार्थ और बेशर्मी का कफ़न
आने वाले कल को
ओढ़ना पड़े

जागो
कि अभी भी है थोड़ा समय
जागो
की अभी भी
सूरज तुम्हें उठा रहा है
हर सुबह आ कर।

यूकेलिप्टस

बड़ा सा, विशाल,
घुटने पर कुछ झुका हुआ यूकेलिप्टस
आकाश में ऊँचा खड़ा था
उसी मार्ग पर
जो जाता था
सचिवालय की ओर
जहाँ की बड़ी और भव्य
इमारतों में
रहता था प्रशासन-
उन्मुक्त ऊँचाइयाँ लिए
वहाँ कमरों में
कई बोनसाई वृक्ष
सजाये हुए रखे थे।

ओटला

ओटला एक अकेला नहीं है गाँव में
पीपल, नीम और बरगद
सभी के नाम दर्ज है
एक-एक ओटला
कहीं पक्का फ़र्श
कहीं गोबर की बिछात
और कहीं मिट्टी को घेरा हुआ है बिखरी सी ईंटों ने
और किसी एक का भी नहीं है
बच्चे खेल लेते हैं सारे खेल वहाँ
बड़े और बुज़ुर्ग का तो घर सा ही है
अधिकार से बैठ,
करते हैं वाद-विवाद
औरतें निहारती रहती हैं
कहती-सुनती, वहीं जनती हैं ख़बरें
मवेशियों के लिए बचती है रात
मगर वह भी छोड़ जाते हैं
निशानी अपने अस्तित्व की

पेटीबाजा सा संगत देते रहता है ओटला
छांव, आसरा, राहत बाँटता
चोट देता है, दर्द भी देता है कभी
मरहम की, दवा की दुकान भी बन जाता है

चलता रहता है सिलसिला
बदलते रहते हैं पात्र
बिना पते का सबसे स्थायी ठिकाना
रंगमंच, गाँव का
जहाँ परदा कभी गिरता नहीं।

माँ

माँ
एक अलग मिट्टी की बनी होती है
एक अलग साँचे में ढली होती है
बच्चों की हर ख़ुशी में एक हाँ होती है माँ
वह हर अच्छाई,
हर सुन्दरता,
हर भरोसे,
हर सहारे,
हर प्यार,
हर सत्कार का,
एक विराट संसार होती है।
दामन में दुनिया समेटे माँ,
समस्त व्याख्याओं की एक आदर्श है
अनंत उपमाओं की उद्गम है
वह हर पल तत्पर है त्याग के लिए,
दर्द हरने के लिए,
कवच बनने के लिए

लेकिन कुछ पाने की क़तार में,
सबसे अंतिम खड़ी मिलती है वह
हर दिन एक नया अध्याय है माँ
सतत बहती ऊर्जा को बाँटती,
बिन बोले सब कहती,
आँखों से सब सुन लेती,
बंद लिफाफों को पढ़ लेती,

एक अद्भुत अनुपम अचरज होती है माँ
चौखट पर इंतज़ार करती वह
हर रंग हर किरदार हर उम्र में एक सी होती है,
माँ हर घर में ऐसी ही होती है
माँ एक आशीर्वाद है... सदैव।

बिटिया

बित्ती भर की बिटिया
लिए ख़ुशियों का ख़ज़ाना
गोदी में आयी थी
एक अनूठा संसार
छुपा लायी थी संग अपने
छोटी सी उँगलियों से
वो दिखाया करती थी जादू
किलकारी के बीच
अचानक माँ बोली थी
कंधों पर चढ़ कर पा को घोड़ा बोला था
चली, दौड़ी, पकड़ा उसने
घर का हर कोना
उसके होने से घर,
घर होता था
चौतरफ़ा उसके एक मेला सा लगता था
पढ़ती बढ़ती कब बड़ी हुई
सब सीख लिया
बिन बोले सबका ध्यान रखा
माँ की सिलवटों को
सीधा करने लगी
पापा के सपनों का
पीछा करने लगी

उड़ने लगी थी अब वो
मंज़िलें नापने लगी थी
एकाएक बड़ी हो गयी थी
आसमान को छूने
पैरों पर खड़ी थी
प्यार भरी ख़ुशियों में अब
गर्व का टीका भी लग गया था
हाथ पकड़ हमसफ़र का
नयी राह पर क़दम रखा था

वह लाड़ली
बित्ती भर की बिटिया
अपना आशियाँ बनाने चली थी।

काल कोठरी

सुबह ने मुँह छुपाती रात से पूछा
की सब रोशन कर दूँ
या है कुछ ऐसा
जिसे साथ लिए जा रही हो
प्रकट करने से घबरा रही हो

एक गहरी ख़ामोशी
एक ठण्डी साँस लिये
बोली रात
हैं कुछ राज़
दूर तक पसरे फ़साद
बहुत से कारनामे
ढेर सी साज़िशें
बेनक़ाब इरादे
फैला हुआ अवसाद
और सुनो
तुम्हारी रोशन दुनिया में भी
ये सब रहेंगे किसी कोने में
अंधेरे के साथ

चाहा तो मैंने भी था
इनसे साथ छुड़ाना
लेकिन
घर कर गये हैं गहरे
पनाह पाते हैं मेरे पास
और पहचान भी।

ठिठकता प्यार

प्यार जब उन्मुक्त था
बरसता, सीधा चला आता था
बिना आवरण, बिना लिफ़ाफ़े का पत्र
आज भी वैसा ही है शायद
हाँ, अब आता है
बहानों के कंधे पर बैठ
देता है दस्तक दरवाज़े पर
कई बार केवल
प्रतीक्षा के पलों में
बँट जाता है।

अधिनायक की रणनीति

मुझे युद्ध चाहिये
कुछ रोमांचक, विस्फोटक सा कोलाहल
ग़ुबार-काले, लाल रंगों का
कुछ चीखें, थोड़ा मातम, क्षणिक आवेग
मेरे जंग लगते हथियारों को
चमकाने का मौसम चाहिये
और वह जो एकदम नया है
उसे आज़माने का मौक़ा चाहिये
जंग हटाने को जंग चाहिये
मुझे थोड़ा सा युद्ध चाहिये

और तुम्हें क्या चाहिये
वही शांति, नीरस सी
अमन, मुस्कुराते चेहरे,
सिर झुका काम करते लोग
भूख और छत को संभालते
एक सी ख़ुशमिजाज़ी ओढ़े
अट्टालिकाओं में चढ़ते-उतरते
खेतों-बाज़ारों में क़दमताल करते
अनगिनत लोग

मुझे युद्ध चाहिये
कुछ और भी चाहिये
दूर जो ज़मीन है वह भी
और आसमान, जल डमरुओं के रास्ते भी

अंतरिक्ष का टुकड़ा भी मेरे नाम चाहिए
तालियाँ, सलामियाँ मिलती रहें
जी हुज़ूरी हो तो और बेहतर
मेरी नफ़रत को नये किरदार चाहिये

मुझे युद्ध चाहिये
मेरे पागलपन को जो दे विस्तार
सीमाओं को तोड़ता
वीभत्सता का सैलाब बन
अतिरेक, उन्माद, आर्तनाद
ख़ूनी पंजों का पैनापन
जो कर दे सब तार-तार
ऐसा ही कुछ चाहिये बार-बार

फिर मैं थामूँगा इसे
करूँगा विमर्श, रोकूँगा
विध्वंस के परदे से झाँकते
सम्मान, यश कीर्ति को देखूंगा एक नज़र
युद्ध विराम करवा दूंगा
लेकिन अभी मुझे युद्ध चाहिये।

एक मुल्क का न होना

उस का नाम अगर अफ़ग़ानिस्तान न होता
तब भी कुछ फ़र्क़ न पड़ता
या कुछ और भी होता तब भी
शायद ही कुछ बदलता
एक इतिहास जी लिया था उस मुल्क ने
दफ़न भी हो चुका था एक दौर
जो अब सिर्फ़ किताबों में था दर्ज

अब वहाँ हर तरफ
एक दौड़ता हुआ चुप था
संगीनों, बमों और हथियारों
के बीच साँस लेते मुल्क को
रोज़ फूटते बम-गोलों में
अपनी धड़कन भी महसूस न होती थी
सड़कों पर
बाजारों में
स्कूल-कॉलेज की दीवारों के अंदर
पसरा रहता था एक ख़ौफ़
जो कभी भी सुर्ख़ लाल हो जाता था
पाबंदियों, नज़रबंदियों, निगरानियों
के दरम्यान सिसकियों को भी
जगह नहीं थी
कंदराओं और गुफाओं की ओर
वापिस जाती ज़िंदगी डरी हुई
भटक रही थी

रोशनियाँ करती थीं कोशिश
अँधेरे पर्दों को फाँद
दोबारा लौटने की
और उम्मीद लड़ रही थी
एक लड़ाई
लौट कर मुस्कुराने की।

एक नज़र

क्या
भूख, प्यास और
आशियाने से हट कर
तुमने कभी देखा नहीं
दैदीप्यमान सूरज
उतंग पहाड़
खिलखिलाती नदी को,
सितारे अधिक चमकते हैं
अंधेरी रात में।

अजीब सा

दुर्लभ होना
या विलुप्तप्रायः होना
या अजीब हो जाना
विलुप्त होने से कुछ ही दूर होता है
वह था इस श्रेणी में
निकाल लाता है कुछ अच्छा हर प्रसंग में से
बदसूरती के जंगल से नयनाभिराम ढूँढ़ता है
गिरते स्तम्भों में तलाश लेता है सीढ़ियाँ
तत्पर रहता है सत्कर्म, सत्कार, स्नेह लिए
हंस लेता है उन्मुक्त हँसी
ख़ुश रहने के लिए उसे
खोजना नहीं होते कारण
ख़ुद को घर छोड़ विचरता है

धीरे धीरे क्षीण और दुर्बल होता जा रहा है
बची है कुछ हरियाली
और कुछ वृक्ष भी खड़े हैं अभी
हैं थोड़े से मुस्कुराते वनाच्छादित पहाड़
सिकुड़ी सी नदियाँ अभी भी साथ दौड़ती हैं
सहमी हुई वादियाँ थामे हुए हैं दामन उसका
समय ने छोड़ा नहीं है हाथ
उम्मीद भी साथ करती है कदमताल
जो सिमट रहा है, मिट रहा है

फिर पनपेगा, बचेगा
चढ़ेगा सीढ़ियाँ दोबारा
जो ख़त्म सा है,
फिर विस्तार लेगा
उजाला दहलीज़ पर है
अजीब सा न रहेगा अकेला।

शाम की पहेली

वह शाम भी
ऐसे ही गुज़र गयी
आस पास की उत्कंठा और उम्मीद को
धता बताते हुए
फुसला कर चली गयी,
राह तकने के इम्तिहान का
एक दिन और ले गयी अपने साथ

शाम के कंधों पर कितनी आसानी से
उसने रख दिया था अपने आने का वादा
कभी यूँ भी नहीं किया कि
शाम को ख़ाली हाथ भेजा हो
ढेर से बहानों में उलझा कर
बनाये रखा साथ अपने

मुस्कुराती हुई शाम ने
कभी मना भी न करा
न ही सच उगला
और फिर न लौटने का
दिया कोई संकेत

कल भी आएगी वह।

तूफ़ान की आँधी

आंधी-तूफ़ान की आहट को
मौसम विभाग ने भांप लिया था
आशंका तय सी थी
गहन चर्चा जारी थी
पेड़ों की चौपाल में

इस बार
सभी वृक्षों ने निर्णय ले लिया था
आँधी का साथ देने का
हवा के साथ झुकने का
चाहे बहुत तेज़ हो
चाहे बारंबार आये
चाहे फिर सीधा न हो पायें

सबसे बड़े और तने खड़े वृक्ष भी थे सहमत
नहीं चाहते थे वह
गिर कर टूट जाना
या जड़ों से उजड़ जाना
जो बहुत छोटे, नन्हें, ज़मीन से थोड़े ही ऊपर थे
चुप, निश्चिन्त थे
उन्हें नहीं थी चिंता हवा के वेग की
वे देखा करते थे हमेशा
दृश्य हवा और हवा की धार का
मझौले और कृषकाय पेड़
चिंता में लीन पशोपेश में थे

अस्तित्व की लड़ाई कैसे लड़ें
उधेड़बुन जारी थी
यहाँ तक कि
मजबूत जड़ों के चेहरे पर भी शिकन थी
नींव का हिलना डरा रहा था

नया नहीं था सब कुछ
पर पहले सा भी रहा न था
उजाड़ने, बिखेरने
मिटा देने की मुनादी
हवा में दर्ज थी।

अधूरे आंकड़े

आंकड़ों को
इतिहास को
नम्बरों को
दर्ज़ कर, लिपिबद्ध कर
बनता गया एक विशाल डेटा बैंक
अनंत परिधियों में पसरे पैमाने
हाज़िर होते रहे एक इशारे पर
लेकिन
झुर्रियों में छुपे अध्याय
सफ़ेद बालों में लिखी कहानियाँ
पानी पर बहती कविताओं
पहाड़ों पर जमा दस्तावेजों
पेड़ों में लिपटे चलचित्रों का
कोई रिकॉर्ड हो न पाया क़ैद
आंकड़ों के बहीखातों में।

ऊहापोह

नागरिक - संशय में डूबा
प्रजा- चुप रही, बोली भी, तन्त्र की चिन्ता में खो गयी
भीड़- न सोचा न सुना
सिर्फ़ बोला, धिक्कारा, किया
शासन- करता रहा ऐलान
न सुना, न संवाद किया
न नीचे उतरा
तंत्र को पहरों में
मज़बूत कर दिया
संविधान- संताप में, नींव के कम्पन से
कराहता रहा।

जल

जल
सूखते आकंठ को
छू कर संतृप्त करता
चरम पल

जल
तकती निगाहों को
बारिश में भिगो कर
कर दे तरल

जल
कानन खेत खलिहानों से
मिल कर गले
भर दे फ़सल

जल
जीवन का स्पंदन का
बन अभिन्न अंग
है एक संबल

जल
निर्गुण निर्मल निरुपम
तज स्वाद और रंग
सर्वत्र अविरल।

पत्तों का पता

सारे पीले रंग के पत्ते
कुछ बिखरे कुछ उखड़े कुछ उजड़े
जमा होते जा रहे हैं पेड़ के नीचे
घर से बेघर हो गिरते-टपकते
दूर तक एक चादर सी बिछी हुई
तन से जुदा उन तमाम पत्तों की,
याद दिलाते समय के बदलते रूप की
अपनी चरमराहट से उस आहट को दबाते हुए
जो दे रहीं हैं ढेर सी नन्ही कोपलें
उत्सुक और अधीर
झांकते, शीश उठाते
बाहर की दुनिया में क़दम बढ़ाने को
झुंड में जमा जवान रौबीले, लहराते
हरे पत्ते कर रहे हैं स्वागत
करतल ध्वनि से
नवागंतुक कोपलों का

चरमराहट, आहट और करतल के दरमियाँ
तीन पीढ़ियाँ कर रहीं हैं
समय से साक्षात्कार
बदलाव के दौर को महसूस करते
चाल और लय की गति, दिशा और भंगिमा
पत्तों की मनोदशा
बयाँ कर रही हैं

एक अंतहीन सिलसिला
करता है क़दमताल
पेड़ की आग़ोश में
जो निर्विकार, निर्बाध खड़ा
देख रहा है आवाजाही
पोस रहा है
बदलाव के दर्द को
और ख़ुशी के प्रसव को।

रंगवाद

जानवरों को शायद
रंग का एहसास, रंग का भेद
नहीं होता
अगर होता
तो ऐसा नहीं कि
अभी तक कुछ न हुआ होता
सीख लेते वह भी
रंग से खेलना, रंग से तौलना
रंगों का शिकार करना भी आ जाता उन्हें
यह बेहतर ही हुआ
उन सब ने
नहीं पढ़ा रंग का पाठ- आदमी से
काश यूँ ही हो जाता
आदमी सीख लेता
जानवरों से-
रंग से प्यार करना,
विविध रंगों को अंगीकार करना
रंग से एकाकार करना

मगर
आदमी करता रहा भेद
रंगों को नाम देता रहा
गढ़ता रहा बहाने
आखेट को सही ठहराता
अंधकार ओढ़ता रहा
ढूँढ़ता रहा काली भेड़ें।

बापू

गांधी पर कविता लिखना
जैसे एक युग जी लेना
मानव-धर्म का ग्रन्थ
पढ़ने में सरल सा
सुन कर कुछ नज़दीक आता दिखता
अगर जी सकें तो सत्य को खोज लें
जीवन भर वही करता रहा फ़क़ीर
जो शास्त्रों में प्रशस्त था
सत्य, अहिंसा, सदाचार, अपरिग्रह, अस्तेय, प्रेम
की राह पर वह चढ़ता गया सीढ़ियाँ
पहले क़दम के लिये
इंतज़ार नहीं किया उसने
साथ का भी आग्रह नहीं किया
चलता रहा उस राह पर
जो देखी सबने थी-तलाशी नहीं थी
चल कर जिया नहीं था

उसमें था साहस
मार्ग बनाने
कर्म करने
अडिग रहने का,
सबसे जटिल, विषम, कठिन राह पर चलने का

करोड़ों का प्यार
जन-जन का साथ पाने का
कारण था उसके पास
ले चला था सम्पूर्ण देश को
सविनय आंदोलन की
एक अनोखी यात्रा पर
एक नये दर्शन के साथ
सही मायनों में
महात्मा था वो।

शुष्क यादें

बहुत समय गुज़र गया
भेज दो फूल सजा कर गुलदस्ता
फूँकी हुई कुछ शिकायतें
छिड़का हुआ थोड़ा सा प्यार
और हो सके तो
मुस्कराहट की कलियाँ ऊपर से रख दो
मत करो फ़िक्र
उसमें जान डालने की
या कोशिश
जीवंत रखने की
सिर्फ़ आने दो उसे
मेरे पास
यादों का एक बुत बन
सूख कर बेरंग हो
गिरने दो ऊपर मेरे
और चुभने दो।

चमक की ओर

दौड़ते गये सब
उस प्रकाश पुंज की ओर
नव और उन्नत की चमक को छू लेने

भूमिहर, मज़दूर, श्रमिक, मवेशी
नादान छूट गये पीछे
बाट जोहते सड़क और गाड़ी की
भूख और प्यास को भुला नहीं पाये
पिछड़ना ही था
एक अलग दुनिया का हिस्सा बन गये

अब उन्हीं के बारे में करेंगे
चिंतन, चर्चा, विचार
वे सब उजाले में बैठ कर।

बेचारा शहर

उस शहर का कोई इतिहास नहीं है
कौन जन्मा या मरा
कोई लड़ा गया युद्ध
कुछ गौरव गाथाएँ
कहीं सुर्ख़ बिखरे निशान
किसी स्मारक के चिन्ह
नहीं है कुछ भी वहाँ
कोई पुराना, फिर थोड़ा पुराना या
अब नया, कोई नाम भी ज्ञात नहीं
सामान्य से लोगों का सामान्य सा शहर
बोलता, चलता, दौड़ता
शांत, सुंदर, सलीकेदार
न गंज, न गढ़, न बाद, न पुर, न नगर
कुछ भी ख़ास न था उसके नाम में
पुराना कुछ जिसे बदला जाये
नया कुछ ऐसा जिसे बताया जाये
जिया भी या नहीं यह शहर
कहाँ बसा, कहाँ रहा यह शहर
किसी की नज़र में नहीं
किसी के असर में नहीं
चलो छोड़ो इसे
कोई और शहर ढूंढ़ा जाये।

सम्राट

नाम हुआ
बढ़ा, बड़ा हुआ
और मैं हो गया
कर्म का मर्म
कर्ता का धर्म
कारक का अस्तित्व
सब ख़ुद में सिमट गया
उत्तंग, विशाल, विराट पताकाएँ
मुट्ठी बन गयीं

धूमिल दृष्टि
चयनित आवाज़ों
स्वीकृत चेहरों ने
मैं की मुट्ठी को
एक कवच पहना दिया।

श्रमिक

वह निकल जाता है
काम पर
लगभग प्रतिदिन
एक नियत समय से
बहुत से, जुदा से काम
बदलते रहते हैं बार-बार
कई बार निकलते वक़्त
नहीं मालूम रहता
आज कौन सा काम गले लगाना है
लीन हो
करता रहता है श्रम
घंटों सिर झुकाये
भूलता जाता है
वह भवन
वह अट्टालिकाएँ
वह सड़क
वह नहर
वह शहर
जो उसके हाथों से
गुज़रे हैं, संवरे हैं

होते गये हैं बड़े
और दूर उसकी पहुँच से
उसकी बढ़ती-बुढ़ाती उम्र के साथ
उसे पता नहीं चलता
बहुत तेज़ धूप का भी
जब बाक़ी सब
गर्म मौसम की बात कर रहे होते हैं।

प्रतिरोध

भृकुटि तनी हुई
मुट्ठी कसी, रक्त सा लाल चेहरा
आवेश आंदोलित, असीमित
अन्याय, दमन, भ्रष्टाचार
के ख़िलाफ़ खड़ी
मुल्क की युवा क़ौम
अगर लड़ती रहती है
तब आज़ाद है हवा
और फूलों की महक।

ज़िंदा होते पात्र

आसमान से नहीं होते पैदा
न ही किसी घर्षण से
आग बन कर आते हैं
वे सारे पात्र

जो करते रहते हैं
सिर झुका कर अथक परिश्रम
तपते रहते हैं भट्टियों में
विशेष साँचों में ढलते
निखरते जाते हैं
तराश कर बना दिए जाते हैं निपुण
निभाते हुआ अपना किरदार
लिखे जाते हैं कहानियों में
कविताओं में
चित्रों में रंगे जाते हैं
आर्ट के, कला के
पसंदीदा चेहरे बन
मुस्कुराने लगते हैं

तब वह लेते हैं आकार
दिखने लगते हैं एकाएक
आँकड़ो में गिने जाते हैं
उनका दुःख दर्द
उनकी उपलब्धियाँ
बयान होती हैं
बनती हैं विषय विमर्श का

हर थोड़े दिनों में
ज़िंदा होते रहते हैं
वह सारे पात्र।

घोषणा-पुलाव

भरता रहा वह सारी घोषणाएँ
अपने ख़ाली कटोरे में
काम करते करते भी
और तब भी
जब चौराहे पर खड़ा
बाट जोह रहा था दिहाड़ी की
अलसभोर से ही मिलने लगती थी
घोषणाएँ भरपूर उसे
चाहे खेत में, फ़ैक्टरी में
या किसी मज़दूरी में व्यस्त हो जुटा
कटोरा उसका कभी ख़ाली नहीं रहा
सहेजता रहा और बनाने लगा पुलाव
मन ही मन
जमा कर सारी कतरनें
वायदों की
जोड़ता रहा एक से एक को
मथता रहा
बहुत सी दिलासा भी मिला ली साथ
थोड़ी रेसिपी भी पढ़ ली
उम्मीद की आग लगा चूल्हे में
करने लगा इंतज़ार
इस चुनाव से उस चुनाव
हाथ थामे फूंकनी।

दुधारी सड़क

उन्नति की
वह सड़क लम्बी होती गयी
और चौड़ी भी
गजगामिनी सी
गर्वीली
चमकीली
सर्पिल सड़क
विकास के पैरों पर निर्बाध दौड़ती
करती गयी जब्त स्तब्ध आबादियाँ
डैने फैलाती लीलती रही पेड़
वन क्षेत्र भी हज़म कर गयी
धकेल दिया नदियों को भी
फैलता गया सड़क का पाट
और मुँह चौड़ा होता गया
थमने का
रुकने का
सहेजने का
साथ ले चलने का वादा
रिसता रहा, घुटता रहा
दम तोड़ता रहा
दंभ और लोभ की चौखट पर,
धरा के अवयव
होते रहे धराशायी।

विलुप्त होते साधारण

साधारण लोग
लगातार कम हो रहे हैं
लुप्तप्रायः से
आसपास भी
और दूर तक
दृष्टिगोचर नहीं हैं
आँकड़ों में
छायाचित्रों में
शोधपत्रों में
बचे हैं अब भी
क़ैद हो गये हैं
योजनाओं में
परिचर्चाओं में
साधारण
विशेष बन गये हैं
वह सब जो सहज है
ज़रूरी और अनिवार्य है
चलना, उड़ना, तैरना
चर्चा का विषय है
ज़रूरतें अब
भेंट बन कर आने लगी हैं
कुछ भी साधारण नहीं है।

मंत्र-तंत्र

वहाँ चारों ओर
एक अजीब सी शांति थी
सब घर एक से थे
एक से रंग में रंगे
मार्ग नियत थे-
पहुँचने-निकलने के
समय भी तय था-
दरवाज़ों के खुलने-बंद होने का
खिड़कियों को किसी ने देखा नहीं था खुला
मिलने, बोलने, हँसने के तरीक़े
सभी को याद थे
परिधान ढल गए थे एक रंग-रूप में
पद्धतियाँ, पंक्तियाँ, प्रस्तुतियाँ
सब नियमबद्ध थीं
क़दमचाल लयबद्ध थी
अलग, जुदा, भिन्न
कुछ भी न था
एक सा सुनते, देखते, बोलते
यंत्रवत चलते चलते
वह सब एक समूह बन गये

मोज़ेक ख़त्म सा था
सब रंग मिल कर बेरंग हो गये
उस विचलित, चुप सी तस्वीर में
ज़िंदगी बैठी हुई थी घुटनों पर
और तंत्र सिमट गया था
एक सिंहासन में।

एक छोटी कविता

अचानक से बनते हैं ख़्याल
बसते हैं दिल में
शब्दों की पनाह लिये
विचरते हैं मन में
दिमाग़ के शिकंजे से निकल
उड़ते हैं कविता बन कर।

अधूरी कविता

कभी कभी कोई कविता
जन्म ही नहीं ले पाती
गर्भ में उगती
बनती, बिखरती, टूटती रहती है-
लड़ती हुई अपने आप से
विचारों की गुत्थम-गुत्था में
बिखरे पड़े रहते हैं शब्द
कुछ को पकड़ कर, जोड़ कर
एक क़तार जब कुछ कहने लगती है
तब ही मुकर जाती है अगली क़तार-
साथ आने से
शब्द भी मुँह फुलाकर बैठ जाते हैं किनारे
और अर्थ, गोता लगा गुम हो जाता है
कविता तैरती रहती है दिशाहीन
बहुत से संकेत और संदेश सम्हाले
उधेड़बुन रचती है एक जाल
और जन्म लेती है
एक अधूरी कविता
घटित होता हुआ बाहर लाने

चौराहों से दूर चलकर गयी भीड़
पकड़ती रहती है सपनों को
जो फिसलते रहते हैं
शब्दों की क़तारों से
बहुत से सपने नहीं बन पाते कविता।

सफ़र में साथ हूँ मैं

आरुषि (विशेष सक्षम बच्चों के लिए समर्पित एक अनूठी संस्था) के लिए

(1)

अधूरा नहीं हूँ मैं
न ही ख़ास या
कमतर हूँ

जो रह गया है बाक़ी
कर लेता हूँ पूरा
आग़ोश में भर लेता हूँ
गिर कर उठता हूँ हर बार
बाज़ुओं को कठोर बना लेता हूँ
अंधेरों से गले मिल
रोशन किया है हर कोना
दुनिया को अलग रंग, जुदा ढंग से
बेहतर देखता हूँ
मेरी ख़ुशियाँ, मेरे गीत
ख़्वाबों, उम्मीदों और चुनौतियों के मीत
हर पल साकार हैं
सहर्ष, स्फूर्त साथ चलता हूँ।

(2)

जब तक मैं उनसे दूर था
देखता था अधूरापन बाहर से
काला चश्मा, छड़ी, यंत्र, बैसाखी
मस्तिष्क को चुनौती देते रंग
समीप आ कर जाना
उस सम्पूर्णता को
जो उनके उत्साह, जीवट, लगन में बसती थी
हर क़दम पार करता था
एक बाधा
छोटी छोटी मंज़िलों को पा कर फैलता दायरा
आसमान छू लेता
मेरे अंदर के अधूरेपन की
याद दिलाता

हाथ थाम कर साथ चलने से
मिलती ताक़त की
ज़रूरत शायद मुझे ही थी।

(3)

मुझे नहीं चाहिये कोई नाम
विकलांग, दिव्यांग या
कुछ अलग प्रतिभावान
कमल हो या मुस्कान
खिलना है मेरा काम
मदद नहीं, चाहिये अदद साथ
आपका प्यार, बढ़ाता है हौंसला
ख़्वाबों को देता है आकार

अंगों में करता है संचार
ख़ूबसूरत रंगों को छूकर
हवा में महसूस करता हूँ
मुस्कुराते चाँद-सूरज से
बात करता हूँ
न मेरी मंज़िलें कुछ कम हैं
न मेरे रास्ते कुछ छोटे
हासिल किया मुक़ाम ही
है मेरा काम, मेरा नाम।

(4)

उन सब के
हैं बहुत से ख़ास दोस्त
सूरज की किरणों की नर्म गरमाहट
नीला आसमाँ जो भर लेता है उन्हें बाहों में
बादल-बिजली आवाज़ दे बुलाते हैं खेलने
नदी हाथ पकड़, दौड़ती है साथ
ख़्वाब बनते हैं
उतरते हैं ज़मीं पर
पैर भी मिलते हैं
क़दम पहाड़ चढ़ जाते हैं
स्पर्श ही से सब सदृश्य है
आरुषि लाती है रोशनी-ज़िंदगी में
आप भी
उठाइये एक ब्रश
भर दें रंग इनके ख़्वाबों में।

(5)

वह, देख कर सुनाता है उसे
और वह सुन कर दिखाता है
साथ चलती
तीन पैरों वाली
शरारती दोस्त
मारती है उन्हें
जब करते हैं मस्ती...
ज़िंदगी की दौड़ में
वह सब मुस्तैद, बेफ़िक्र हो
ख़ुशमिज़ाजी से लगाते हैं कुलाँचें
वह पढ़ रहे हैं, बढ़ रहे हैं
गाते, गुनगुनाते हैं
हैं कुछ कमियाँ
कुछ अड़चनें
रोक नहीं पाती हैं
उनकी उड़ान उनकी रफ़्तार
ऊँचे होते जाते हैं हौंसले
बेहतर सोचते हैं वह
पार करते हर फ़ासले।

(6)

जीना एक नज़्म है
लिखता हूँ मैं-
एक नज़्म रोज़
अधूरे-बिखरे धागों को

जब पिरोता हूँ
अलग, जुदा सी सुइयों में
जो कभी चुभती भी हैं
गुदगुदाती भी हैं
बनती जाती है एक डोर-ज़िंदगी की
बुनता जाता हूँ
गढ़ता जाता हूँ
बहुत सी तस्वीरें
बहुत से अर्थ
वो एक क़दम, जो आप मेरे लिए रुकते हो
वो दो पल और, जो बिताते हो
ले जाते हैं मुझे मीलों आगे
लिखते एक नज़्म रोज़।

अंत बहरेपन का

उसे नहीं था आभास
आवाज़ का, शोर का
न सन्नाटे का न शांति का
जो नहीं था प्राप्त,
उसका भी अन्दाज़ा नहीं था उसे
आँखों से सुनते - समझते - देखते
करता था संवाद
और फिर एक दिन
उन्नत वैज्ञानिकी से उपजी
ध्वनि के धमाके ने जगा दिया था
सोये हुए समूचे संचार तंत्र को।

सुदामा के चावल

सुदामा के चावल
शबरी के बेर
एकलव्य का अँगूठा
आरूणी की मेड़
श्रवण की कांगड़
हामिद का चिमटा

एक डोर
बन्धन की
असीम प्यार में डूबे
अनकहे विश्वास की

स्नेह, संकल्प, समर्पण
की व्याख्या करती
अद्भुत गाथा
मौन प्यार की

बेजोड़ मिसालें हैं
समय से अछूती
अलौकिक
शाश्वत कथायें

मील का पत्थर हैं
अमिट अनारोहित
चमकती
चुनौती है

पढ़ते हैं हम
सुनाते हैं
गर्व से बताते हैं
न छूते हैं न छू पाते हैं।

संग्रहालय

उस चेहरे की
एक एक झुर्री
के पीछे
एक दशक की कहानी थी
ज़िंदगी का हर पाठ
एक एक सिलवट में लिखा था,
जैसे पेड़ के तने की ऐन्यूअल रिंग में
छिपी रहती है उम्र

अनुभव और इतिहास समेटे
बड़ी और बूढ़ी किताबों को
पढ़ने वाले
समझने वाले पाठक
लापता से थे

पुस्तकालय अब म्यूज़ियम
बनते जा रहे थे।

चोट, दर्द और सूजन

चोट के बाद
उभरी सूजन
दर्द की तीक्ष्णता नहीं दर्शाती
ना ही चुभन की मात्रा
त्वरित प्रतिक्रियास्वरूप
हो जाती है लाल ग़ुस्से में
नीली भी पड़ जाती है
कभी ख़ून के आँसू भी रोती है
सूजन जल्दी मान भी जाती है
चली जाती है जैसे आयी थी

लेकिन
चोट का दर्द
ख़ामोश पड़ा
तेज़ कुलबुलाता रहता है
त्योरियाँ चढ़ा कर
बाँध कर गठानें
बैठ जाता है
याद रख लेता है पूरा प्रकरण
दस्तावेज़ बन
सालता रहता है

दर्द दिखता नहीं
पर पूरा जाता भी नहीं
निशान भी नहीं बता पाते हैं
दर्द का विस्तार

बिना सबूत
कोई चोट
हमेशा मुस्कुराती है मंद-मंद
दर्द बन कर
अपनी तकलीफ़ में।

स्मृति-जाल

स्मृति पटल पर
संजोये रखना यादों को, चेहरों को
लिखते रहना एक कालखण्ड
लिख कर मिटाते रहना बार बार
कई बार लिखा हुआ विस्मृत हो जाना
कई बार जो लिख दिया है, वह विस्मृत हो जाना
हम लड़ते रहते हैं, गुज़रते रहते हैं
बहते हुए मँझधार में
बहुत आसानी से स्मृति-दोष को
बना लेते हैं सुरक्षा कवच
शब्द-बाण से बचते
खो जाने के अभिप्राय से
यादों से सजे हुए कक्ष
करते रहते हैं प्रतीक्षा
हमारे वापस लौट कर आ
पुनः स्मृतिकाल में प्रवेश की

नाम फिसलते रहते हैं
जिह्वा पर जमे, झिझकते
चेहरे खो देते हैं
अपने समय का माप
तैरती रहती हैं यादें

न चाँद सी स्थिर
न सूरज की तेज़ी लिए
ढूँढ़ते हुए सितारों के निशान

आपस में उलझतीं
उम्र के पड़ावों से लड़तीं
दिमाग़ की बढ़ती सिलवटों में गुम होती यादें
फिर अचानक से
तैर कर ऊपर आ
डॉलफिन बन
दर्ज करा देतीं अपनी उपस्थिति।

डूबती आवाज़ें

कलाई करने वाले के आने का समय
और नाग को दूध पिलाने की
गुहार लगाते मुकुट्धारी के प्रकट होने का वक़्त
लगभग एक सा था
एक से मौसम में अंदाज़ और आवाज़ भी
वह मिट्टी खोद कर औज़ार जमाता
यह बाँस की टोकरी का मुँह खोल दिखाता
एक ने घर की औरतों को बाँध रखा था,
बर्तनों की चमक लौटा कर
दूसरा खोले बैठा था बच्चों के साथ मोर्चा,
आश्चर्यमिश्रित डर को पुचकारते
दोनों ही क़ाबिल थे मज़मा जमाने के
खींच लेते थे अपने ग्राहक आसपास से
इस सालाना कवायत में

नए अंदाज़ में बर्तनों ने बदला रंग अपना
नयी आवाज़ से नागों को मिला घर अपना
सालों से आती आवाज़ दूर जा
बंद हो गई
विलुप्त हो गयी एक कला
और एक क़ैद रिहा हो गयी।

बहती तरंगें

बिम्ब-प्रतिबिम्ब
सुबह-शाम
दिन-रात
सूरज-चाँद
धूप-छांव
के बीच

कुछ पल
हो जाते हैं एक
सोखते हैं कुछ कण
ग्राह्यते हैं कुछ अणु
ऊर्जा को बाँटते हैं

अदृश्य साथ
करता है विस्तार संभावनाओं का
जिन्हें हम देखते हैं
अपने आसपास
और करते हैं कोशिश भेद करने की
और विस्मय भी।

सार-संसार

कौन सा शहर
कौन सी सभ्यता
कौन सी नस्ल
किस अस्तित्व का युद्ध
किस ज़मीन की लड़ाई

नफ़रतों की एक जंग
एक तस्वीर बदहाल रंगों की

लाल रंग मौत का
पीला बिछे हुए चेहरों का
सफ़ेद दूर तक फैले चादरों का
धुएँ का धूल का दर्द का
कोई रंग नहीं

ख़ून भरे हाथ
बना रहे हैं एक कैन्वस
देखने जिसे
बचेगा न कोई शेष।

सूर्यास्त

सूरज
डूबते में भी दमकता था
पीला, लाल, नारंगी चेहरा
चमकता था
नदी से लिपटा हो
या
बैठा तालाब पर
पहाड़ को पकड़े
झूलता सागर में
पेड़ों की ओट में
साथ कैसा भी
अन्दाज़ एक था
दिन भर की थकान उतार
ओझल होते
मुस्कुरा रहा था
डूबा था
हारा नहीं था।

उस शाम के ज़ख्म

आदमी को
देखने भर से
वह चिल्लाने लगती थी
ज़रा से बढ़ते क़दम देख चीत्कारती थी
देखती थी हाथों में ख़ून
क्रूर अट्टहास गूँजता था कानों में उसके
सम्भालने लगती थी वस्त्र अपने
सिकोड़ लेती थी शरीर
गुज़रा हुआ दुर्दान्त समय
लिपटा हुआ था उसके तन से
सिर्फ़ साँसे चलती थी बे रोकटोक
और दिल धड़कता था क्योंकि वह था
बोलती नहीं थी-
अब भी जब मुँह बँधा नहीं था

उसके कमरे में अब
घर का कोई आदमी नहीं जा पाता था
बहुत पहले एक शाम
देखा था उसे कुछ आदमियों ने।

मत करो तुलना

औरतों को रहने दो औरत ही
चलने दो उन्हें अपनी चाल
जोड़ते रहने दो उन्हें सुबह को दिन से
दिन से शाम, फिर सिकुड़ी हुई रात जी कर
तैयार होने दो सुबह के लिए
मत नापो क़दमों को उनके
या करो चित्रण, दायरों की परिकल्पना का
औरतों को रहने दो औरत ही
बहने दो संगीत उनका हवा में
हर पहर के राग की तरह गूँजने दो
अपनी बेसुरी मिसालों व कसौटियों से मत करो
कोशिश जुगलबंदी की

औरतें कर लेती हैं सब
अधिक और बेहतर
सारी टच-लाइनें छू कर आ जाती हैं
ध्वस्त कर देती हैं सारे क़िले जो
जटिलता और दुर्गमता का मण्डन करते
बनाये थे बेवजह तुमने

खोल दो सारे परकोटे, सुरंगों के द्वार और
रणभूमि के क्षेत्र
कोपभवन व रनिवास की पट्टिकाएँ भी हटा दो
लड़ने दो उन्हें वह सारे युद्ध जो कर रखे थे
वर्जित अब तक

और फिर भी
औरतों को रहने दो औरत ही
ताकि जब तुम
ढूँढ़ने निकलो जीवट
महसूस करना चाहो नरमाहट
माधुर्य को पढ़ना चाहो
सहिष्णुता को छूना चाहो
तब जा सको औरत के पास ही

मत करो तुलना, न दो चुनौती
औरतों को रहने दो औरत ही।

छत से

उसने चाहा था
पतंग बन उड़ जाऊँ आकाश में
छू लूँ क्षितिज
ले कर हवाओं को साथ
और यह भी चाहा था कि
कोई डोर न हो
जो काट दे
या खींच कर
ले आये वापिस ज़मीन पर
सोचती रही वह
छत पर खड़ी
उड़ न पायी कभी।

वह औरत

पहले
वह ऐसी न थी
फिर उसने सीख लिया
खिड़की पर बैठ बाट जोहना
दरवाज़े पर खड़े टकटकी लगाना
बुहारते
बघारते
समेटते
सजाते
संवरते
इंतज़ार को जीना
नींद को घड़ी कर सहेजना भी
आ गया था उसे
बंद साँखलों में संगीत भी सुनना
सीख लिया था अब
पहले
वह मुस्कराती भी थी
अब हँसना आ गया था।

तन कर खड़ी स्त्री

अब वह नहीं भटकेगी
अब वह नहीं पिघलेगी
अब वह नहीं तरसेगी
अब वह नहीं रुकेगी
अब वह जहां खड़ी है-वह दीवार
उसे अब और पीछे नहीं जाने देगी
एक उम्र से उसे
धकियाते, गरियाते, लताड़ते
जहां तक समाज ने उसे पहुँचाया था
उसके बाद यह आख़िरी दीवार
उसके लिए बन गई थी एक संबल खड़े होने का

जगह-जगह
समय-हर समय
पड़ाव दर पड़ाव
बिधती रही थी वह
लिंग-भेद
वर्ण-भेद
शब्द-भेद
नज़र-भेद
कर्म-भेद
भोगती रही
सहती रही
करती रही प्रतिकार
देती रही इम्तिहान-प्रमाण अपने होने का

खड़े हो कर फिर गिरी
कभी कृपा पात्र बनी
कभी तिरस्कृत
कभी उपेक्षित
और कभी गजगामिनी बन
पुरस्कारों और शौर्यगाथाओं की
विषयवस्तु भी बनी

मगर फिर भी
जो बदलना था
जिसे सुधरना था
जहाँ पहुँचना था
वहाँ कुछ था जो रिसता रहा, पनपता रहा
रोकता रहा, बनाता रहा गतिरोध
दमन के दंश को पालता रहा
और
अब उसे उठना ही था
खड़े हो कर मुँह तक आते पानी से ऊपर
लेना ही थी खुली हवा में साँस
और थामना ही था
अस्तित्व की लड़ाई की मशाल को।

संवेदनाओं की मौत

वह जो हुआ, अचानक था
लेकिन नया नहीं
और हम सब उस तरफ़ मुँह कर बैठे रहे
चीत्कार को अनसुना कर
क्रंदन को चुप का मरहम लगा
गुहार को पीठ से धकिया कर
एक अदम्य स्फूर्त लीचड़पन ओढ़ लिया था हमने
धिक्कार की परवाह किये बिना
अपने समस्त आवेशों, ज़िम्मेदारियों के ऊपर
कुंडली मार बैठे रहने का
आत्मबल पा लेना
एक अद्भुत कारनामा था
जड़ हो जाना, सुन्न पड़ जाना
आसान सी आदत होती जा रही थी
मौन संवाद में अब
आक्रोश प्रकटता न था
विद्रोह जन्मता न था
दुराचार का मुक़ाबला न करने का बोझ
झुकती रीढ़ पर
अब महसूस नहीं होता था
शुतुरमुर्ग बने समय बीत चला था।

रुका हुआ प्यार

जब उसका हाथ
मेरे हाथ में था
वक़्त रुक सा गया था
दर्ज न हो पाया वह समय
इतिहास या दस्तावेज़ में
वह लम्हा गिरा ही नहीं
न ही फिसला कभी
थोड़ा पिघला, फिर जम गया
समेटे सारी सिलवटें
प्रेम और सौंदर्य की सभी भंगिमाएँ
प्यार की पूर्णता
क़ैद हो कर रह गयी

उसके बाद कितनी ही बार
चलते-चलते
हमने थामे थे हाथ
खोजते गरमाहट
टटोलते सिरे प्यार के
और जी गये
एक पूरी ज़िंदगी
उस क़ैद हुए समय की
पहरेदारी में।

परछाइयाँ

कभी सोचा हमने
कौन रोक लेता है
हमारे हाथ या
बढ़ते क़दम या
निकलते शब्दों को
एकाएक
किसी विशेष समय पर

क्यूँ
हम नहीं हो जाते
उन्मुक्त, उच्छृंखल, उद्दंड तब भी
जब नहीं रहती कोई निगरानी

कैसे
हम चलते जाते हैं
अनदेखे रास्तों पर
साथ लिए पुराने सिलसिले

कब
हम महसूस कर लेते हैं
संवाद
आँखों से, स्पर्श से, ख़ामोशी से

चलती रहती हैं
कुछ परछाइयाँ
हमेशा साथ हमारे
निराकार सी
हरदम थामे हाथ।

अजनबी

स्वयं से स्वयं को अलग करने से
जन्मता है
अकेलापन
यथार्थ जब थक जाता है
संकल्पों से लड़ते
ख़ुद के सवालों का जवाब
लेने लगता है
झूठ की आड़
संवाद डराने लगता है
बहलाते फुसलाते
इंद्रधनुषी रंग
खोने लगते हैं चमक
अदृश्य की, अनकहे की, अघटित की चिन्ता
जब लेती है आकार
संसार सिकुड़ कर
संकीर्ण हो जाता है
ऐसे में
बनती है एक दीवार
करती है दूर
विवेक, संगति, सदबुद्धि सब को
बढ़ाती जाती है घेरा

सरल, सहज रास्तों को
बंद करती
सारी आवाज़ों को
अनसुना करती
ओढ़ी हुई विरक्ति
स्वयं को
अजनबी बना देती है।

आँगन

आँगन की धूप में
गुज़र जाती हैं पीढ़ियाँ कई
होते रहते हैं जमा क़िस्से
अनेक मर्तबान बैठ बातें करते
टकराते-आवाज़ करते हैं
सूखते रहते हैं
खाने के विविध व्यंजन
कुछ ताज़े कुछ संग्रह के लिए
झूला, पलंग, आराम कुर्सियाँ,
सब पसरे पड़े रहते हैं निडर
आँगन में
कोई भी बैठे, कहीं भी रखे
सबका स्वागत है, सबका सत्कार भी
धूल, गर्द, सूखे पत्ते
बिछे रहते हैं,
ताज़े फूल चढ़े रहते हैं मेज़ पर
लेटे हुए कोहनी टिकाये
चौतरफ़ा आँगन में
एक बेतरतीबी सी बिखरी रहती है

बढ़ता, सिकुड़ता आँगन
देखता रहता है किसी का आना
किसी का चले जाना
सुनता रहता है पदचाप
सूँघता है कहानियों को गर्भ में
उस से कोई नहीं पूछता-वसंत की गिनती
गरमी, जाड़ों और बारिश का
हिसाब भी नहीं लेता कोई
बूढ़ा पहरेदार
अचानक ही दिखना बंद हो जाता है।

सुलह-वार्ता

एक लम्बे अंतराल
और गहरी चुप्पी के बाद
उसने तोड़ी थी ख़ामोशी
यह बतलाने कि
बर्फ़ अभी पिघली नहीं
न ही कोयल कूकी है दोबारा
और वह सब भी
अभी जीवित है-जो गुज़रा था हमारे बीच
आँखों में फिर ख़ामोशी ओढ़े
हुए थे विदा हम
किसी वादे के बिना।

मॉर्निंग अलार्म

अधखुली सी नींद
और अधूरी अँगड़ायी में
अभी अगर सो जाऊँगा दोबारा
तब शायद सुन न पाऊँगा
बादाम के बड़े से पेड़ पर
कलरव करते पक्षियों को
जो कर रहे थे स्वागत
बहुत ही मद्धिम सी रोशनी के साथ
झाँकते सूरज का

उस अंतराल का साक्षी बन
अपने अंदर उतरती ऊष्मा को
महसूस कर पाना और
फिर कर लेना एक और दिन को
आत्मसात करने का प्रण
तब भी जब नींद चाहती है ठुकराना
इस तरह के तमाम प्रलोभनों को
मुश्किल होता है कई बार

पक्षियों का, सूरज का, सुबह का
नियमित दोस्त बन जाना
उनके दरवाज़ा खटखटाने पर
दौड़ कर बाहर आ जाना
दिन को देता है
एक आनंदित शुरुआत

घड़ी या मोबाइल की चेतावनी
नहीं चेता पाती शरीर को
न ही मन को भरमाती है
हाँ अलसभोर की गंध
चिड़ियों की चहक
क़दमों में आते सूखे पत्तों की चरमराहट
हवा की ख़ुशमिज़ाजी
सब मिल
कर देते हैं वो जादू जो
बुलाता है बाहर बार-बार, हर बार
सदैव चलते रहने की गुहार लगाते ये मॉर्निंग अलार्म
बुरे नहीं लगते।

पदचाप

अकेलेपन के
क्षणिक पल
थम कर
जड़ हो जाते हैं
अनंतकाल का भार बन
और
एकांत के
कई पहर
बहते जाते हैं साथ हमारे
हवा में ख़ुशबू बन
समेटे असीम ऊर्जा

और वह पल जिन्हें हम
भींच रखना चाहते हैं मुट्ठी में
बना कर एक नर्म एहसास
फिसल जा गिरते हैं
दूर, पहुँच से बाहर
जीभ चिढ़ाते फिर पकड़ने की चुनौती देते

और कुछ अनचाहे पल
हमेशा ही लिए चलते हैं साथ अपने
एक गठरी बोझ की
बिखेर देने को तैयार
सैलाब अंतहीन दर्दों का
और हम अक्सर वक़्त की घड़ी में

लगाते रहते हैं हिसाब
पलों को सहेज कर
उनको सुगठित सुंदर
बनाने का
अंधेरे और रोशनी के बीच
इन पलों की सुनाई देती रहती है
पदचाप।

आँख-मिचौनी

वक़्त चलता रहा अपनी चाल,
और हम मुड़-मुड़ कर देखते रहे
पकड़ते रहे जो हाथ में था
ढूँढ़ते रहे जो छूटता था
कुछ तो भर लिया था जेबों में
कुछ दिलो-दिमाग़ में रख लिया था
कुछ की आदत बना ली
तो कुछ पहन लिया था
लेकिन वह चलता रहा तेज़ क़दमों से
सब देखता, चिढ़ाता हुआ
जब पीछे छूटे तो
रफ़्तार बढ़ा कर पकड़ा उसे
और कभी ठुनक कर रुक भी गये
कि अब तो रुकेगा
करेगा इंतज़ार, वापस साथ लेगा
लेकिन
उठना पड़ा ख़ुद ही
दौड़ना पड़ा पीछे वक़्त के
मुड़ना, पलटना, घसीटना
सब कम करते गये

एक तय चाल से
हमकदम बन
चलते रहे
ख़ुशबू लिए साथ
अतीत की
जान लिया था अब
कि वक़्त का दामन नहीं होता।

द्वन्द्व युद्ध

उसके घर में
सब मज़दूर ही पैदा होते रहे
लिंग और उम्र का भेद किए बिना
पीढ़ी दर पीढ़ी
एक मान्य परम्परा का हिस्सा बन

सुख, दुःख, सम्मान की पहचान भी
धूमिल होती गयी

और उसके चारों ओर
हर कोशिश व्यवस्था होती रही
उसके श्रेणी-सुधार की
परंतु प्राप्तांक बदल नहीं पाए कभी

सारे विमर्श का सार भी
सुलझा नहीं पाया
इस पेचीदा सम्बंध को।

अंतरात्मा की आवाज़

बड़ी ही विचित्र
रहस्यमय होती है
अंतरात्मा की आवाज़
आपने सुनी हो मुझे पता नहीं
पढ़ी ज़रूर होगी
कई बार देखी भी होगी
इसका
एकाएक सुनायी दे जाना
बार-बार दस्तक देना
अचानक आ धमकना बिना आहट के
कर देता है अचंभित
पढ़ने व देखने वालों को
जो सुनता है इस आवाज़ को
चल देता है नयी राह
मंज़िलें तय रहती हैं जहाँ
डाउनलोड की हुई ऐप को
सिर्फ़ ऐक्टिवेट करना होता है

तमाम आवाज़ों से अलग
अंतरात्मा की आवाज़
एक सिद्ध आव्हान है
यूँ तो सभी इसे सुन सकते हैं

सुनते भी हैं यदाकदा
स्वतः निजी तौर पर
परंतु
कुछ ख़ास कृपापात्र
इसकी विशेष योग्यता रखते हैं
जयघोष करते
कब, कहाँ और कैसे
यह सुनायी देती है
यह कम ज्ञात है
हाँ यह ज़रूर है कि
अधिकांश अवसरों पर इसे
जनहित से जुड़ा बताते हैं।

नृत्य-कथक

नृत्य-अर्चना शुरू हुई
सुर ताल मिले
क़दमों के संग
एक नदी चली बहकी बहकी
नयनों ने अँगड़ायी सी ली
पलकों ने ताने तीर नये
सूरज दमका चेहरा चमका
गर्दन हाथों के साथ मुड़ी
एक अदा बनी ऊँगली के संग
उस ओर हवा का ज़ोर चला
संगीत बना सबका चितचोर

घुंगरू पैरों के मुस्काये
फिर थाप हुई
तबला चहका
हारमोनियम ने भी मुँह खोला
सारंगी ऊँची चढ़ी ज़रा
मंजीरे बोले हौले हौले
संगीत नृत्य हुआ और चपल
पैरों की थाप की गुंजन में
बिजली चमकी
बादल गरजे
स्फूर्त काया का हर अंग खिला
एक कथा हाथों ने रंग डाली

क़दमों ने उसमें गीत भरा
खिल खिल फूलों ने बगिया में
एक इंद्रधनुष की छटा लिये
नृत्य-गीत का रूप धरा
मद्धम लय की छांव तले
करबद्ध नमन से
मुग्ध किया।

हवाई चप्पल

हवाई चप्पल समेटे रहती है
पूरा इतिहास
राह पर छोड़ती निशान
स्वयं भी दर्ज करती रहती है
पैरों के पहचान चिन्ह
सरलता से चढ़ती-उतरती
कभी नहीं करती शिकायत
सफ़र की परेशानियों की

लचीली काया कितनी ही बार
हो जाती है तैयार
एड़ी से घिसटी
पिनों से जुड़ी
छिदी और टिकी
चलती रहती है पैर को लपेटे

कभी अपनी सारी दरिद्रता छोड़
बदल लेती है आवरण
सुर्ख़ रंगों में
रख कर रौबदार नाम
इठलाती चलती
शोर मचाती

हवाई चप्पलों को आप
त्रस्त करते रहिये

धूल में, धूप में, पानी में
पड़ा रहने दीजिए
चलती जाती हैं वह निर्बाध

ऑफ़िसों में, अदालतों में, कतारों में
बढ़ती जाती हैं तारीख़ें
पुरानी फ़ाइलों पर जमा होती रहती है गर्द
चप्पलें करती रहतीं हैं क़दम-ताल
घिस कर टूट जाने तक।

पेड़ अगर चल पाते

पेड़ों के पैर अगर
ज़मीन से जुड़े न होते तो
कूच कर जाते
आदमी की बस्तियों से
मूक प्रतिकार कर
स्वयं लेते वनवास
अपने ही घर आ कर
जहाँ से चले थे कभी
साथ देने आदमी का
निस्वार्थ देते रहे
फूल, फल, पत्ते, शाख़
छाँह में खिलाते रहे उसे
और देखते रहे ख़ुद की जड़ों को उजड़ता
डरते, मुरझाते, सूखते
निभाते रहे एकतरफ़ा दोस्ती
अपने घर वापस जाने को बेचैन
राह खोजते
ढूँढ़ते रहे अपने कटे क़दम।

कोरोना-1

वह अदृश्य सा हमलावर
एक ख़ूँख़ार शिकारी
विकराल
विषाक्त
विक्षिप्त सा
बढ़ते- रौंदते क़दमों से
ध्वस्त करता जा रहा-
नगर, शहर, देश
लील रहा जन-जन को
तांडव करता फिर रहा धरती पर
मौत की ज़हरीली हवा लिये
पसारता अपना शिकंजा

एक मौन क्रूर कोहराम मचाता कोरोना
धरा का सबसे सूक्ष्म प्राणी
बेरहमी से कुचलता जा रहा
सबसे उन्नत, परिष्कृत, विद्वान जीव को
जिसने सूरज, चाँद, अंतरिक्ष
सबको लिया साध
बना लिया मित्र सबको
पृथ्वी को कर फ़तह

बन बैठा था अजेय जो
आज उस मानव को पस्त कर
घुटनों पर ला
स्तब्ध कर हैरान कर दिया
हतप्रभ हताश ग्लोबल चेहरों पर
दुःख, दर्द, डर का आतंक
निरंतर गहराती त्रासदी का डंक

विचलित कराहती मानवता
गिर कर, फिर उठ
साथ लिये सेवा के कुछ हाथ
कुछ ठहर कर
साहस बटोर कर
सम्हालते, सुधारते, संघर्ष करते
हाथों में प्रतिकार का संकल्प लिए
एक उम्मीद एक आशा लिए
आँखों से बोलते उद्गार :
परेशान हूँ मैं, पराजित नहीं
अस्वस्थ हूँ, अशक्त नहीं
हूँ मैं घिरा हुआ
क़ैद चारदीवारी में
समय के पाश में जकड़ा
बटोरता हिम्मत
पोषित कर रहा हूँ मनोबल को
विखंडित करता
छिन्न-भिन्न करता

परजीवी की
आततायी कड़ियों को
क़ातिल शृंखला को

जन से जन के बँधे हाथों से
बनी विशाल दीवार
रोकेगी
इस महामारी को
इस दुर्दान्त बीमारी को
उम्मीद लौटायेगी
मुस्कुराते चेहरों को।

कोरोना-2

आज फिर
वह झाँक कर गयी,
कल भी आयी थी
बड़े ही कौतुहल से
देख कर
शायद हँसी थी गिलहरी
साथ चिड़िया को भी लायी थी आज
खुसपुस कर
चहचहा कर
खिलखिला कर
ना जाने क्या मंत्रणा की थी
और भी साथी जुड़ने लगे
बिल्ली, श्वान, गौरैया, गाय
मियाऊँ कर
भौंक कर
चीं करते, रंभाते
आ आ कर देखने लगे-
हम सब को
खिड़की से, छत से, दरवाज़े से, मुँडेर से
विस्मित, चकित, अचंभित हो
करते रहे विचार
क्यों यह सब
बंद हैं घरों में

यह जो निर्बाध विचरता था
गरियाता था
धकियाता था धरा के अन्य जीवों को
इस इंसान को किसने क़ैद कर दिया
छीन ली आज़ादी इसकी

घरों में बंद
आदमी का अजायबघर
चिंतित थे वो सब
यह जानने को बेचैन
क्यों इंसान इतना घबराया है
कोरोना ने क्या ग़ज़ब ढाया है।

कोरोना-3

दामन पकड़ बदहवास सी बढ़ती जा रही
वायरल महामारी ने
पूरे संसार को क़ैद कर दिया
लौटा लायी मूल पर
सभ्यता के विकास का
पहला चरण
सामने ला दिया
दुनिया सिमट कर,
घरों में आ गयी
जैसे बुज़ुर्ग आ बैठते हैं ओटले पर
देख लेने के बाद पूरी दुनिया
ठहरी सी, कातर दुनिया
बच्चे, युवा, बुज़ुर्ग
सब की
ज़रूरतें सिर्फ़ रोटी, पानी और
एक ठिकाने की रह गयी
सुरक्षा की, संबल की
चारदीवारी
एकाएक कवच बन
देने लगती है दिलासा
बाहर की ख़तरनाक हवा से बचाव की

ज़िंदगी की जंग में
आदमी
ख़ुद को ख़ुद में तलाशने लगा
तराशने लगा नयी चुनौतियों के लिये
भूल कर अपना छूटा हुआ साम्राज्य।

कोरोना-4

जब सब अपने घरों में थे
मैं निकला था
अपने घर की तरफ़,
पूरा घर ले कर कान्धों पर
घर से घर ही तो जाना था
एक-जहाँ मैं कटता था, खटता था टुकड़ों में
दूसरा- जहाँ मैं बसता था, बूढ़ी आँखों में
कंक्रीट के जंगल से मिट्टी के खेतों के बीच
इतना पथरीला रास्ता होगा
सोचा ना था
सोचने का समय भी ना था
हवा में उड़ते ज़हरीले विषाणु भी डरा ना पाए
उस डर को
जो मैं देखता था भूख और बच्चों में
ज़मीन तो कहीं भी न थी
खुला आसमान था उधर
जहाँ के लिए मैं चला था।

कोरोना-5

समय ठहरा सा है, रुका नहीं है
है थोड़ा अँधकार, घना नहीं है
उम्मीदें आ रही हैं रोशनी लिये
लड़ेंगे सब, कोई थका नहीं है
मौन प्रतिबद्ध है
तन्त्र है तैयार
तन स्फूर्त है
तत्पर हैं हाथ
जीवन संग्राम में रत-
महायोद्धा हर शख़्स है
संकल्पयुक्त ढके चेहरे-
लिए अपने पीछे प्रकाश हैं
ज्वर उतरा है
ज़हर भी निकला है अभी
शिथिल पड़ा है शिकंजा
शत्रु होने लगा हताश है
घने काले बादलों के बाद
उजला सा आकाश है
लम्बे अवसाद के बाद
सूरज आज चमका है।